Dieses Buch gehört

Linda Martin

Geschichten
aus dem Leben
von Elena Mars
(Republikaner oder Thermostat?)

mit *Anregungen und inspirierenden Texten
vom Lebensfreudekalender 2018*
www.palverlag.de

Illustration: Linda Martin

Bibliografische Information der Deutschen Nationalbibliothek:

Die Deutsche Nationalbibliothek verzeichnet diese Publikation in der Deutschen Nationalbibliografie; detaillierte bibliografische Daten sind im Internet über http://dnb.dnb.de abrufbar.

Herstellung und Verlag: BoD – Books on Demand, Norderstedt
ISBN: 978-3-7481-1965-4

Illustration: Linda Martin

INHALTSVERZEICHNIS

Elena:

„Das Leben ist schön."

„Die meiste Zeit deines Lebens verbringst du mit dir selbst. Achte darauf, dass du dich mit dir wohlfühlst."

Aus: Der Lebensfreude-Kalender 2018
von Dr. Rolf Merkle und Dr. Doris Wolf

Ein großes Dankeschön geht an den großartigen, herzensguten Kabarettisten Thomas Stipsits, der mich über den lustigen Kabarettabend, den Elena besucht hatte, berichten ließ.

Danke sage ich auch Herrn Roland Böhm, der meine Nachrichten sehr schnell an Herrn Stipsits weiterleitete.

Außerdem gilt mein Dank den außergewöhnlich menschlichen Kabarettisten Flo und Wisch, die mir erlaubten, über die spezielle Fanbeziehung von Elena zu Ihnen, zu schreiben.

Flo und Wisch

Das Interview

Eines Tages ging Elena spazieren. Sie kam an einem Einkaufszentrum vorbei. Davor sah sie zwei Reporter. Einen größeren, der ein wenig stärker war, und einen kleineren, sehr schlanken. Sie ging zum größeren Reporter hin, um das Interview zu belauschen. Ein Präsident in einem großen Land wurde gewählt und dazu wurden Fragen gestellt. Die Fragen klangen ein wenig eigenartig, aber die Leute waren sehr ernst und beantworteten die Fragen nach bestem Wissen und Gewissen.

Da Elena gerne im Rampenlicht stand, stellte sie sich so hin, dass der Reporter fast über sie stolperte und nun sie interviewen wollte. Die Fragen waren so lustig, dass Elena nur lachen konnte. Sie konnte kaum atmen vor lauter Lachen. Eine Frage lautete: Ist der Präsident Republikaner oder Thermostat?" Elena prustete los: „Was, was heißt Thermostat?" Der Reporter sagte: „Sie machen es mir wirklich schwer." Und auch er musste herzlich lachen.

Einen Zusammenschnitt der Interviews gab es im Fernsehen. Da wurde Elena erklärt, dass das die zwei Kabarettisten „Flo und Wisch" seien. Sie kannte die beiden vom Hören, wusste aber nicht, wie sie aussahen.

Im Kabarett

Nachdem Elena nun wusste, wer die beiden waren, wollte sie unbedingt ein Kabarett mit ihnen sehen. Einige Monate später spielten Flo und Wisch in ihrer Stadt. Elena bestellte sich eine Karte und ging hin. Und es wäre nicht Elena, wenn sie nicht vor der Vorstellung an der Kassa bat, Flo und Wisch zu sagen, dass im Publikum diejenige sitzt, die beim Interview über den Präsidenten so viel lachte.

Und wirklich, die beiden bauten Elena ein. Sie erzählten von den Interviews und, dass sich eine nicht hinters Licht führen ließ und diese heute im Publikum saß. Elena sprang auf, warf die Arme in die Luft und drehte sich im Kreis. Oben auf der Bühne meinte Wisch: „Ich wusste ja, dass Sie eine Rampensau sind."
 Flo sagte von der Bühne aus, dass Elena nach der Vorstellung warten sollte. Er kam wirklich und es gab sogar

ein Foto mit dem Handy. Elena war glücklich. Es war ein gelungener Abend.

Zweiter Kabarettabend

Ca. ein halbes Jahr später waren Flo und Wisch mit einem neuen Programm in Elenas Stadt. Elena besorgte sich wieder eine Karte. Da sie mit Flo und Wisch auf Facebook verbunden war, schrieb sie den beiden, dass sie an dem und dem Tag im Kabarett in der ersten Reihe sitzen würde. Die beiden freuten sich auf Elena.

Das Kabarett war sehr gut, sehr musikalisch, einfach super.
Doch dann ging Wisch auf Flo „los". Er erklärte ihm, dass er noch immer zu dick sei. Das sagte er ein paar Mal. Elena konnte sich nicht mehr zurückhalten und rief: „Flo hat doch abgenommen!" Wisch drehte sich zu Elena um und sagte: „Ja, Flo hat abgenommen, aber Ihnen ist das anscheinend nicht gelungen." Das Publikum lachte und Elena schrie: „Ich muss Medikamente nehmen und die blähen auf."

Da sprang Wisch von der Bühne, kam zu Elena, gab ihr einen Handkuss, streichelte sie am Kopf und sagte: „Ja, so kann man ins Fettnäpfchen treten. Es tut mir sehr leid." Dann ging er zurück auf die Bühne. Elena wollte aber noch zu Flo, da er sie besser verstehen konnte, weil er auch einmal stärker war. Flo bat Elena auf die Bühne und die beiden umarmten sich sehr herzlich.

Konversation

Elena hatte ein schweres Schicksal hinter sich und das wollte sie Flo und Wisch schreiben.

Elena:

Lieber Flo! Lieber Wisch! Ich mag euch beide und deswegen schreibe ich euch. Verzeiht mir das vertrauliche DU, aber ich bin älter als ihr und eine Frau. Ich darf das DU-Wort anbieten, müsste aber auf eure Einwilligung warten. Das tue ich aber nicht. Falls ihr nicht einverstanden seid, werde ich es sofort ändern. Wisch ist bei seinem Auftritt auf Flo „losgegangen", weil er zu dick ist. Flo tat mir leid und ich musste dazwischenrufen, dass Flo abgenommen hat. Wisch hatte sofort eine Pointe parat und sagte: „Ja, Flo hat abgenommen, aber Ihnen ist das anscheinend nicht gelungen." War wirklich gut. Nur zu mir gibt es eine Geschichte. Die kann natürlich niemand wissen. Und da ich euch mag, will ich diese so kurz als möglich schildern. Ich hatte einmal 55 kg. Mit 42 Jahren hatte ich eine schwere Erkrankung, mit 13 Stunden Operation, vier Wochen künstlichen Tiefschlafs und insgesamt fünf Monate Spital. Seither muss ich Medikamente nehmen und habe dadurch mehr als 20 kg zugenommen. Darüber bin ich natürlich sehr unglücklich. Der Satz von Wisch war echt gut, trotzdem hat er mich ein wenig getroffen, Aber nur ein wenig, da du Wisch von meiner Geschichte nichts ahnen konntest. Und noch einmal, ich mag euch. Wisch, es war sehr lieb, als du von der Bühne gekommen bist und dich entschuldigt hast. Trotzdem wollte ich zu Flo, da er mich besser verstehen kann, als ein Wisch mit Waschbrettbauch. So, ich wünsche euch noch alles Liebe und noch viele gute Auftritte.

Flo und Wisch:

Liebe Elena, danke für das „DU“, das geht natürlich in Ordnung und ehrt uns beide sehr! Deine Geschichte berührt uns und macht uns wieder einmal bewusst, dass man sich bei der Improvisation mit dem Publikum sehr schnell auf einem sehr schmalen Grat zwischen guter Unterhaltung und persönlicher Verletzung bewegt. Es ist dies die Königsdisziplin im Kabarett und leider ist man als Künstler nicht davor gefeit, dabei in ein Fettnäpfchen zu treten. In deinem speziellen Fall bewegt uns dieser Ausrutscher besonders, da wir dich ja schon ein wenig besser kannten und wir dich damit keinesfalls kränken wollten! Viel mehr war es die bereits bestehende Bekanntschaft, die uns dazu verleitet hat, die Grenzen des Humors auszureizen und leider auch zu

überschreiten. Dafür möchten wir uns bei dir entschuldigen! Und das soll noch gesagt werden: Du bist eine Wucht! Wie schwer dir das Schicksal auch mitgespielt hat, die Lebensfreude und Energie, die du versprühst, ist inspirierend und macht einfach Freude!
Danke, dass du uns bei unseren Auftritten besuchst und danke für deine Offenheit.
Alles Liebe Flo und Wisch

Elena:
Lieber Flo! Lieber Wisch!
Eure Worte sind sehr berührend.
Ich danke euch dafür.
Ihr seid etwas Besonderes.
Alles Liebe Elena

Elena fühlte sich wie ein 17-jähriges Mädchen, das in ihre Idole verliebt war.

Homepage: www.floundwisch.at

„Drei Aufmunterungen,
die du dir jeden Tag gönnen solltest:
Ich bin liebenswert.
Ich bin einzigartig.
Ich schaff das.“

Aus: Der Lebensfreude-Kalender 2018
von Dr. Rolf Merkle und Dr. Doris Wolf

Thomas Stipsits

Elena war im Kabarettfieber. Zwei andere sehr gute Kabaretts hat sie in der Zwischenzeit schon gesehen. Und heute wollte sie zu Thomas Stipsits gehen. Es gab zwar keine Karten mehr, aber sie hoffte auf eine Restkarte. Das heißt, wenn eine Karte bis eine halbe Stunde vor Spielbeginn nicht abgeholt wurde, konnte man diese kaufen. Auf gut Glück fuhr Elena um 19.30 hin. Und sie hatte Glück. Eine Karte wurde nicht abgeholt und sie konnte diese kaufen. Elena freute sich riesig.

Da sie diesen Kabarettsaal nicht kannte, musste sie sich dort einmal zurechtfinden. Doch mit Hilfe der netten Betreuer fand sie alles, was sie brauchte. Sie saß in der 12. Reihe. Ab der neunten Reihe waren die Reihen erhöht und Elena sah wunderbar auf die Bühne.

Nun kam Thomas Stipsits auf die Bühne. Applaus, Applaus, Applaus!

Da es im Saal unglaublich heiß war, hatte Herr Stipsits eine kurze Hose und ein kurzärmeliges T-Shirt an.

Und es war unglaublich. Er erzählte sehr lustig aus seinem Heimatdorf. Außerdem schlüpfte er in verschiedene Rollen, die er sehr gut darstellte. Er spielte hervorragend Gitarre und konnte toll singen. Eine Pointe jagte die andere.

Elena saß da und lachte, lachte, lachte. Sie kannte Thomas Stipsits von einigen Sendungen im Fernsehen, hatte aber noch nie ein ganzes Kabarettprogramm von ihm gesehen. Elena sagte zu sich: „Der Mann ist wirklich gut." Sie genoss den Abend und war sehr glücklich, noch eine Karte bekommen zu haben. Am Ende des Kabaretts tobte der Saal. Es war wirklich toll.

Thomas Stipsits sagte, dass am Ausgang Damen mit einer Spendenbox stehen. Er bat um Spenden für ein bestimmtes soziales Projekt. Elena dachte: „Ein toller Kabarettist mit großem Herz." Sie verließ als eine der letzten den Kabarettsaal und sah die durchsichtige Spendenbox voll mit Scheinen. Für so ein Projekt spendete auch Elena gerne. Es war ein wirklich gelungener Abend.

Homepage: www.stipsits.com

Elena

Elena wollte schon immer Volksschullehrerin werden. Obwohl ihre Eltern nicht reich waren, ermöglichten sie ihrer Tochter diesen Wunsch. Und Elena war gerne Lehrerin. Sie kümmerte sich auch sehr um die Kinder, die Probleme hatten.

Doch nach ihrer schweren Krankheit durfte Elena nicht mehr unterrichten. Sie hatte manchmal Sehstörungen. Auch das Gleichgewicht konnte sie nicht immer so gut halten. Da wäre die Arbeit mit Kindern zu gefährlich gewesen. Sie wurde in Frühpension geschickt.

Elena tanzte gerne. Nach ihrer Krankheit konnte sie sich Choreographien aber nicht mehr merken. Am liebsten ging sie daher in einen Improvisationskurs. Leider gab es in ihrer Stadt sehr wenige Angebote. Und wenn, dann waren die Kurse sehr spät am Abend und da war Elena, wegen der Medikamente, die sie nehmen musste, schon zu müde. Aber sie war immer guter Hoffnung, dass sie wieder etwas finden würde.

Auch Eis laufen und Rad fahren konnte Elena nicht mehr. Das war durch ihre zeitweiligen Seh- und Gleichgewichtsstörungen nicht mehr möglich.

Doch Elena erfreute sich ihres Lebens. Sie hatte ihre schwere Krankheit überlebt. Dass sie über 20 kg zugenommen hatte, machte sie manchmal traurig, weil sie sich nicht mehr so gut bewegen konnte. Und durch die Medikamente wurde sie schnell müde. Doch sie gab nicht auf. Sie schrieb sogar einige Kinderbücher.

Franz

Elena ging gerne essen. Eines ihrer Lieblingslokale war öffentlich 20 Minuten von ihrer Wohnung entfernt. Manchmal ging sie alleine oder auch gemeinsam mit anderen dorthin.

Das Lokal hatte eine angenehme Atmosphäre. Das Personal war freundlich und einen ruhigeren Gastgarten gab es kaum.

Am liebsten war Elena der Chef. Er war ein bisschen jünger als sie. Man konnte unglaublich gut mit ihm flirten. Und zwar richtig flirten. Es gibt den Ausspruch, jemand hat Pfeffer im Hintern. Und das hatte der Chef, namens Franz. Und Elena liebte das. Die beiden verstanden sich so gut, dass Elena ihm einmal das Du-Wort anbot. Der Chef hatte auch manchmal Zeit, sich zu ihr an den Tisch zu setzen und ein wenig zu plaudern.

Eines Tages erzählte ihm Elena von ihrer schweren Krankheit. Da veränderte sich sein Gesicht und er berichtete, dass er zwei seiner Verwandten durch so eine Krankheit verloren hatte.

An diesem Tag sah Elena den Chef später alleine am Tresen sitzen. Sein Ausdruck war nachdenklich, sehr ernst und ein wenig traurig. Elena ging zu ihm hin und fragte leise: „Darf ich dich umarmen?" Er stand auf und die beiden drückten sich ganz fest.

Seit dieser Begebenheit wollte Elena Franz immer umarmen, wenn sie ihn sah. Und wirklich! Oft drückten sich Elena und Franz kurz und gaben sich links und rechts einen Kuss auf die Wange.

Das wilde Flirten ging über in kameradschaftliche Zuneigung.

Eines Tages bei einer Umarmung mit Franz, konnte Elena seine Oberarmmuskeln spüren. Obwohl es Elena egal war, ob ein Mann Muskeln hatte oder nicht, war sie von diesen Oberarmmuskeln fasziniert.

„Menschen, denen Du begegnest, sind entweder ein Geschenk oder ein Lehrer."

Aus: Der lebensfreude-Kalender 2018 von Dr. Rolf Merkle und Dr. Doris Wolf

Frühstück mit Katrin – Motorikpark

Eines Morgens trafen sich Elena und Katrin zum Frühstück. Es gab eine Bäckerei mitten in einem Park. Das Wetter war schön und so saßen die beiden im Freien und bestellten sich ein Frühstück. Elena hatte ihre eigene Marmelade mit. Diese war ohne Zucker.

Elena und Katrin genossen das Frühstück, die Sonne, den Park. Als sie fertig gegessen hatten, gingen sie zu dem Teil des Parks, wo die Motorikstationen aufgebaut waren.

Die beiden schauten sich zuerst einmal die Geräte an. Man konnte auf schmalen Holzbrettern gehen, auf wackeligen Brettern stehen, Slalom laufen und vieles mehr. Einige Stationen waren zum Üben vom Gleichgewicht. Das war gut für Elena mit ihren Problemen. Elena machte sich daran, auf das erste Hindernis zu steigen. Schon das war nicht so einfach für sie.

Sie sah die Kinder hin- und herlaufen und die verschiedenen Hindernisse zu überwinden. Aber Elena plagte sich bei jeder Station. Das wird doch irgendwann einmal besser werden, hoffte sie. Doch die Plagerei ging weiter. Als Elena müde wurde, setzten sie sich auf eine Bank und schauten den Kindern zu, die das recht gut machten. Da merkte Elena wieder, wie viel ihr noch zum normalen Leben fehlte.

„Etwas nicht zu können,
ist kein Grund,
es dir nicht zuzutrauen. "

Der Satz „Das kann ich nicht" wirkt dann lähmend auf dich, wenn du ihn fortführst: „…. und deshalb kann ich es auch nicht lernen". Vollendest du ihn hingegen mit den Worten „… und deshalb möchte ich es lernen", dann nimmst du ihn als Ansporn. Du wirst dich anfangs vielleicht ungeschickt verhalten, doch mit zunehmender Übung wirst du routinierter. Irgendwann wirst du sagen können: „Das kann ich. "

Aus: Lebensfreude-Kalender
von Dr. Rolf Merkle und Dr. Doris Wolf

Ein Abend mit Theresa und Eyleen

Theresa, Eyleen und Elena trafen sich eines Abends zum Plaudern und Essen. Die drei waren schon lange Freundinnen. Theresa war Volksschullehrerin wie Elena es gewesen war, und Eyleen war Erzieherin. Eyleen schenkte beiden Freundinnen einen Kalender. Für Elena hatte sie einen mit Schweinen, denn Elena liebte Schweine. Und Theresa bekam einen mit lustigen Tieren. Die beiden freuten sich sehr, da sie nicht mit einem Geschenk gerechnet hatten. Eyleen war in dieser Hinsicht immer sehr aufmerksam.

Sie bestellten sich etwas zu essen und dann ging es los mit dem Plaudern. Elenas Freundinnen hatten beide schon erwachsene Kinder. Alle hatten in der Schule brav gelernt und etwas studiert. Die beiden waren sehr stolz auf ihre Kinder.

Eine von Eyleens Töchtern lebte in einem anderen europäischen Land. Eyleen war zwar ein wenig traurig darüber, freute sich aber mit ihrer Tochter, dass sie dort einen guten Job hatte, der ihr Freude bereitete.

Die drei sprachen über die Menschen im Allgemeinen, wie diese über unwichtige Dinge jammern konnten. Sie nannten es JAMMERN AUF HOHEM NIVEAU.

In unserem Land haben die Frauen ein Jahr Karenz. In dem Land, wo jetzt Eyleens Tochter lebt, müssen die Frauen ca. drei Monate nach der Geburt wieder arbeiten gehen. Da kommen dann die Babys zu Tagesmüttern. Also, eine Mutter bekommt ein Kind und nach drei Monaten gibt sie ihr Baby tagsüber zu einer anderen Frau. Nach so kurzer Zeit muss das schrecklich sein.

Die drei Frauen unterhielten sich prächtig, aßen gemütlich ihr Essen und hatten eine wunderbare gemeinsame Zeit. Sie wollten so einen Abend unbedingt wiederholen.

„Eine Freundschaft ist wie ein Garten. Du musst sie pflegen, damit du Freude an ihr hast."

Aus: Lebensfreude-Kalender
von Dr. Rolf Merkle und Dr. Doris Wolf

Elenas Schulkind Alex

Wie schon erwähnt, war Elena Lehrerin und das war sie gerne.

An einen Buben erinnerte sie sich ganz besonders. Es war Alex. Alex war ein Kind, das es in seinen ersten sechs Lebensjahren nicht guthatte. Er durfte nicht mehr zu Hause wohnen, da das Verhalten seiner Eltern und Verwandten ihm gegenüber untragbar war. Nun wohnte er zusammen mit anderen Kindern in einer Wohngemeinschaft. Dort gab es Erzieherinnen, die sich um ihn kümmerten.

Es war in der Mitte des ersten Schuljahres, als Elena erfuhr, dass Alex zu ihr in die Klasse kommen sollte. Man erzählte Elena, dass Alex jeden Tag um zehn Uhr am Vormittag von den Erzieherinnen abgeholt wurde, weil er die Schule nicht länger schaffte und immer nur störte. Da bekam Elena Angst. In der Woche, bevor Alex in Elenas Klasse kam, konnte sie kaum mehr schlafen.

Doch dann kam alles anders. Elena liebte den kleinen Alex. Er konnte doch nichts dafür, dass er es so schwer in seinen ersten Lebensjahren hatte. Und sie zeigte Alex, dass sie ihn gernhatte und dass sie ihm vertraute. Und

Alex mochte Elena. Er war kein einfaches Kind, trotzdem schafften die beiden den ganzen Vormittag miteinander und Alex musste nie früher abgeholt werden.

Alex vertraute nur Elena. Die Religionslehrerinnen hatten es deutlich schwerer mit ihm.

Eines Tages musste Elena auf ein Seminar. Da musste dann jede Stunde eine andere Lehrerin in die Klasse kommen. Elena wusste, das würde Alex nie schaffen. Sie besprach das mit den Erzieherinnen und machte sich mit ihnen aus, dass Alex an diesem Tag bei ihnen in der Wohngemeinschaft bliebe.

Alles wäre gut gegangen, wenn sich nicht eine Lehrerin eingemischt hätte, die Alex einmal in der Woche eine Stunde in einem anderen Raum betreute und dort mit ihm alleine lernte. Sie sagte zu ihm, dass Elena nicht wollte, dass er an diesem Tag in die Schule kommt, weil er immer so schlimm sei.

Das war natürlich für Alex sehr traurig. Er mochte Elena und vertraute ihr. Nun sollte diese so etwas Schreckliches gesagt haben? Es brauchte wirklich eine lange Zeit, bis Elena Alex` Vertrauen wiedergewonnen hatte.

Wenn ein Kind nicht so gut lernen konnte, war es möglich ihn in Deutsch und Mathematik nach Sonderschullehrplan zu benoten. Elena reichte für Alex ein, ihn in diesen beiden Gegenständen nach einem anderen Lehrplan zu beurteilen.

Als das genehmigt wurde, kam jemand, um zu besprechen, in welche Sonderschule Alex gehen sollte. Elena sagte: „Das kann nur ein Missverständnis sein." Alex sollte in ihrer Klasse bleiben, nur eben in zwei Gegenständen anders beurteilt werden. Es war nicht leicht, aber Elena kämpfte wie eine Löwin um ihr Junges. So konnte Alex in Elenas Klasse bleiben.

In der vierten Klasse gab es Schularbeiten. Auch da durfte Alex mitmachen. Er wusste ja nichts von einer anderen Beurteilung. Daher machte Elena für Alex eine leichtere Schularbeit, die er schaffen konnte. Und er bekam sogar von Elena eine Note, die sich immer zwischen Befriedigend (3) und Genügend (4) bewegte. So fühlte sich Alex nie ausgeschlossen. Er war auch bei seinen Mitschülern beliebt.

Da sieht man wie wichtig es ist, dass die Lehrerin in Sachen Liebe und Vertrauen eine Vorbildwirkung hat.

Elenas Lieblingsdirektorin

Elena unterrichtete bis zu ihrer Frühpension an sieben verschiedenen Schulen. Sie lernte viele Lehrerinnen kennen, hatte aber auch sieben verschiedene Direktorinnen. Jede von ihnen war anders.

In einer Schule fühlte sich Elena besonders wohl. Sie sagte immer, dort war sie schulisch zu Hause. Die Kinder waren schwierig. Aber Elena liebte die schwierigen Kinder besonders. Und die Direktorin Anna-Maria war ein Traum. Oft kommt es vor, dass man sich fürchtet, wenn eine Direktorin in die Klasse kommt. Aber bei Anna-Maria freute sich Elena jedes Mal, wenn sie sie sah. Diese war wirklich ein Muttertyp. Sie half, wo sie nur konnte. Hatte immer ein offenes Ohr. War in guten, wie in schlechten Zeiten für ihre Lehrerinnen da. Bei einer Aufführung im Turnsaal half sie sogar Matten schleppen.

Elena sang und tanzte gerne mit ihren Kindern. Und eine Direktorin macht das immer sehr stolz, wenn in ihrer Schule gesungen und getanzt wird. Elena nahm mit ihrer Klasse auch gerne an Musikveranstaltungen, wie „Jugendsingen" oder „Musik aktiv" teil.

Eines Tages rastete ein Bub von Elena im Turnsaal aus. Er schlug auf die anderen Kinder ein. Elena schickte zwei Kinder zur Direktorin, um ihr die Situation zu schildern. Die anderen Kinder gingen in die Garderobe, damit der Bub sie nicht weiter schlagen konnte. Den Buben ließ Elena im Turnsaal zurück. Sie stand in der Tür zwischen Turnsaal und Garderobe. Und wirklich, ein paar Minuten später kamen die Direktorin Anna-Maria und eine Lehrerin zum Turnsaal gelaufen. Sie nahmen den aufgebrachten Buben mit. Die Eltern wurden verständigt und er wurde abgeholt.

Anna-Maria wusste, wenn Elena um Hilfe bat, war es wirklich dringend.

Obwohl es mit den Kindern an dieser Schule nicht leicht war, unterrichtete Elena gerne dort, weil sie so eine tolle Direktorin, wie Anna- Maria hatte.

Elenas soziale Ader

Elenas erster Luftballon

Elena war fünf Jahre alt, als die Eltern mit ihr einen Ausflug machten. Sie hatten etwas zu essen, zu trinken und eine Decke mit. Sie wollten mit ihrer Tochter ein Picknick machen. Sie fuhren ca. 20 Minuten in ein kleines Dorf. Dort gab es eine schöne Wiese, wo die Eltern die Decke ausbreiteten. Sie nahmen die Dosen mit dem Essen aus der Tasche. Elena aß gerne Wurstbrote. Auch Gurkerln und Paprika waren dabei. Zur Nachspeise hatte ihre Mutter einen Kuchen mit.

Nachdem sie gegessen hatten, spazierten sie in das Dorf. Dort gab es einen Stand mit Luftballons. Elena riss die Augen auf und staunte. An diesem Tag bekam sie ihren ersten Luftballon. Sie war ganz schön stolz darauf.

Nun gingen sie weiter. Am Ende des Dorfes gab es ein SOS-Kinderdorf. Dort lebten Kinder, deren Eltern gestorben waren oder, die aus anderen Gründen, nicht mehr zu Hause wohnen konnten. Das erklärten die Eltern auch ihrer Tochter, damit diese wusste, warum dort so viele Kinder waren.

Elena ging mit ihren Eltern durch das Kinderdorf. Sie sahen schöne Häuser und viele Kinder, die mit ihren Kinderdorfmüttern dort lebten.

Eines der Kinder ging Elena nach und schaute nur ihren Luftballon an. Die Augen des Mädchens glänzten richtig. Elena stand da und wusste nicht, was sie machen sollte. Sie hatte ihren ersten Luftballon in der Hand und war so stolz. Ihre Eltern hatten ihr aber auch erklärt, dass die Kinder nicht bei ihren richtigen Eltern leben konnten und das war sehr traurig. Das Mädchen schaute so intensiv ihren Luftballon an. Elena konnte nicht anders. Sie schenkte ihren ersten Luftballon, den sie bekam, diesem Mädchen. Diese jubelte und bedankte sich sehr herzlich bei Elena.

Elena wusste nicht ganz, ob sie lachen oder weinen sollte. Sie entschied sich fürs Lachen, da sie sah, wie sich dieses Mädchen freute. Die Eltern sagten zu Elena, wie stolz sie auf sie sind. Sie hat ihren ersten Luftballon einem Mädchen geschenkt, das es in ihrem Leben sicher nicht immer leicht hatte.

Spendenaktion der Schule

Als Elena 14 Jahre alt war, gab es bei ihr in der Schule eine Spendensammlung. Die Schülerinnen (Elena ging vier Jahre lang in eine reine Mädchenschule) durften für eine soziale Organisation Spenden sammeln. Es bekamen immer zwei Schülerinnen eine Spendendose. Also, musste jede eine Partnerin finden. Da gab es aber ein Mädchen, das niemand so recht wollte. Sie hatte einen lustigen Namen, Moni Gimpel. Sie war vielleicht auch ein wenig eigenartig. Aber so schlimm fand Elena Moni nicht. Ihr tat ihre Mitschülerin leid und so meldete sich Elena, mit ihr gemeinsam zu gehen. Da strahlte Moni über das ganze Gesicht. Und es war alles ganz normal, als Elena mit Moni durch die Straßen ging und Geld für diese Organisation sammelte.

Deutschwoche für Flüchtlinge in den Sommerferien

Als Elena ein paar Jahre Lehrerin war, stellte sie mit ein paar anderen ein Projekt zusammen. Diese waren Lehrerinnen, Erzieherinnen oder Freizeitpädagogen. Sie wollten für Flüchtlingskinder eine Deutschwoche auf dem Land veranstalten. Am Vormittag sollten die

Kinder Deutsch lernen. Am Nachmittag gab es verschiedene Freizeitaktivitäten.

Ein großer leerstehender Bauernhof war in ein Kinderlager umgebaut worden. Elena hatte eine Gruppe von sechs Kindern, die schon ein wenig Deutsch konnten. Wie schon gesagt, lernten sie am Vormittag Deutsch. Elena sprach sehr viel mit ihnen, ließ sie aber auch einiges aufschreiben. Sie las den Kindern öfters kurze Geschichten vor, die diese dann nacherzählen sollten.

Am Nachmittag waren die Kinder entweder am Spielplatz, spielten Fußball oder Fangen oder wanderten ein wenig durch den Wald. Natürlich waren die Betreuer immer dabei. Einmal machten sie auch einen Ausflug in den nahegelegenen Tierpark.

Eines Tages sah Elena in dem umgebauten Bauernhof ein Kätzchen. Diese konnte nicht älter als acht Wochen sein. Die Augen tränten, die Ohren waren ganz schmutzig. Die kleine Katze hatte Durchfall und war sehr dünn. Sie gehörte niemandem. Also besorgte Elena einen Tragekorb und ein Katzenkisterl und fuhr mit der kleinen Katze zum Tierarzt. Dieser schaute sich die Katze gründlich an und versuchte ihr so gut als möglich zu helfen.

Elena brachte das Kätzchen auf ihr Zimmer, wo sie das Katzenkisterl schon aufgestellt hatte. Die letzten paar Tage wohnte die Katze, die sie Mauzi nannte, in Elenas Zimmer. Und anschließend nahm sie die Katze mit nach Hause.

Elenas Findelkinder

Mauzi war eine sehr liebe Katze, die sich aber vor Fremden ein wenig fürchtete. Elena liebte diese Katze.

Hinter Elenas Wohnhaus gab es einen Naturlehrpfad. Unter einigen Bäumen und Sträuchern standen Namensschilder. Elena ging dort gerne spazieren und schaute sich die Bäume an.

Eines Tages war sie wieder dort. Plötzlich sah sie eine Katze. Diese lief zu ihr und Elena konnte sie streicheln. Elena ging weiter. Doch die Katze folgte ihr den ganzen Weg. Sie lief Elena immer hinterher. Blieb diese stehen, blieb auch die Katze stehen. Ging Elena schneller, war auch das Tier schneller. Da die Katze sehr dünn war, dachte sich Elena, dass das Tier wahrscheinlich kein zu Hause hatte. Und das Tier wich nicht mehr von ihrer Seite. So nahm sie die Katze einfach mit, denn so ein dünnes Tier kann man nicht alleine lassen. Die Katze hat sich ihr neues Frauchen selber ausgesucht.

Der Tierarzt sagte, es sei ein Kater und Elena taufte ihn Timmy.

Mauzi und Timmy lebten viele Jahre bei Elena und machten ihr viel Freude.

Elena und die schönen Seiten des Lebens

Seit Elena so schwer krank war und fast gestorben wäre, liebte sie nur das Schöne am Leben. Sie konnte sich zum Beispiel keinen Krimi mehr anschauen. Wo geschossen oder gemordet wurde, wollte sie nicht sehen.

Elena lag vier Wochen im künstlichen Tiefschlaf. Da tat sich sehr viel im Körper und in der Seele. Sie mochte seither Liebesromane. Die las sie gerne. Die gingen nämlich immer gut aus. Auch im Fernsehen schaute sie sich nur mehr lustige Sachen, gute Dokumentationen, Quizsendungen oder Liebesfilme an. Einfach Sachen für Herz und Hirn.

Eines Tages schaute sie wieder einen Liebesfilm. Sie konnte richtig mitfiebern, ob der Mann und die Frau zusammenkamen.

Elena schaute die Zeitungen nur mehr ganz kurz durch. Mord, Totschlag und die vielen Kriege auf der Welt taten ihrer Seele nicht gut.

Sie wollte, dass die Menschen einander Gutes tun und sich gegenseitig halfen. Elena war selber ein freundlicher Mensch und half, wo sie nur konnte. Durch ihre schwere Krankheit wurde ihr das manchmal zu viel und sie musste sich zurücknehmen. Sie kam nämlich sehr schnell in Stress. Sie wurde oft nervös und war dann traurig darüber, dass sie nicht mehr so viel aushielt, wie früher.

Um wieder aus dem Stress oder Nervosität herauszufinden, erlernte sie ein paar Atemtechniken, die ihr halfen, den Stress bzw. die Nervosität zu überwinden.

„Mach es wie die Eichhörnchen.
Leg dir in guten Zeiten einen Vorrat an.

Statt Nüsse sammle schöne Erlebnisse in einem Tagebuch, über die du dich an trüben Tagen freuen kannst."

Aus: Der Lebensfreude-Kalender 2018
von Dr. Rolf Merkle und Dr. Doris Wolf

Elenas Neurologe Dr. Safdari

Elena hatte einen sehr netten Neurologen. Dieser war sehr gewissenhaft und wollte Elena regelmäßig sehen, ob es ihr auch gut ging. Der Arzt stellte mit ihr die Medikamente um und nun sollte es Elena möglich sein, wieder ein bisschen etwas abzunehmen.

Leider musste Elena im letzten halben Jahr viel Cortison schlucken und dieses Medikament bläht auf.

Nun zurück zum Arzt. Dieser war ein ganz ein netter. Und als Elena eines Tages mit dem Aufzug in den 3. Stock zu seiner Ordination fuhr, war auch ein anderer Herr im Aufzug. Sie sprachen über den Arzt und, dass dieser ein ganz besonderer Arzt sei. Elena bemerkte: „Er ist wirklich ein sehr netter Mensch aus Ägypten." Der Herr sagte: „Nein, der Arzt ist aus dem Iran." Elena meinte fest, dass er aus Ägypten sei. Der Mann sagte: „Der Arzt ist sicher aus dem Iran, denn ich spreche Persisch mit ihm." Da musste sich Elena geschlagen geben. Wenn der Herr mit dem Arzt die persische Sprache sprach, musste er wirklich aus dem Iran kommen. Elena konnte sich nicht erklären, wie sie auf Ägypten kam.

Und in der Ordination erzählte Elena dem Arzt diese Geschichte. Und dieser bestätigte, dass er aus dem Iran kam.

Elenas Kinderbücher

Elena lernte eines Tages eine Frau kennen, mit der sie sich sehr gut verstand und mit der sie gerne plauderte. Leider musste diese Frau viel arbeiten. So hatte sie nur wenig Zeit für Elena. Doch Elena wollte ihr so viel erzählen.

Da entschied sich Elena fürs Briefe schreiben. Jedes Mal, wenn sie Tara etwas sagen wollte, schrieb sie es auf. Und es kam dann vor, dass sie Tara beim nächsten Treffen drei Briefe zum Durchlesen gab.

Eines Tages sagte Tara: „Elena, ich glaube, du musst ein Kinderbuch schreiben. Deine Briefe sind wirklich lieb." Elena meinte: „Das kann ich nicht. Ich hatte in Deutsch nur schlechte Noten. Meine Sätze waren immer zu kurz." „Das ist ja super!", rief Tara. „Kurze Sätze sind für Kinderbücher gerade richtig. Lange Sätze verstehen Kinder eh nicht."

So setzte sich Elena hin und dachte über das, was Tara gesagt hatte, nach. Und wirklich, Elena traute sich. Sie schrieb ihr erstes Kinderbuch. Dabei blieb es nicht. E-lena hatte so große Freude am Schreiben, dass es inzwischen schon mehrere Kinderbücher waren. Sie war so stolz auf sich. In der Schule war sie nie so gut und dann schrieb sie mehrere Kinderbücher! Und da sie früher Lehrerin war, konnte sie sich gut in die Kinder hineinversetzen und schrieb wirklich gute Bücher.

Man konnte sagen, es sind pädagogisch wertvolle Kinderbücher. Elena dachte sich: „Vielleicht schaffe ich es auch einmal, ein Buch für Erwachsene zu schreiben."

Elenas Hobbys

Als Elena vier Jahre alt war durfte sie einen Ballettkurs besuchen. Der war sehr kinderfreundlich. Die Ballettlehrerin war nett. Am Klavier spielte eine ältere Dame. Diese konnte das wirklich gut. Elena war zehn Jahre in diesem Ballettkurs.

Mit sechs Jahren erlernte Elena das Klavier spielen. Es bereitete ihr große Freude.

Ab dem neunten Lebensjahr ging Elena Geräteturnen. Sie begann in der dritten und letzten Gruppe. Aber sie war schnell in der ersten Gruppe. Elena konnte das wirklich gut und sie turnte gerne.

Mit 14 Jahren durfte sie einen Volleyballverein besuchen. Auch das machte viel Spaß, aber war gar nicht so einfach. Elena probierte gerne Sachen aus.

Mit 15 Jahren begann sie in der Schule Gitarre zu spielen. Sie ging in eine Schule, in der man ein Instrument erlernen durfte. Und Elena suchte sich Gitarre aus.

Gleichzeitig mit Gitarre fing sie an, in einem Verein Tischtennis zu spielen. Sie wusste gar nicht, dass Tischtennis spielen so viel Freude machen konnte.

Mit 16 Jahren ging sie in die Tanzschule, in der sie Walzer, Rumba, Tango und andere Gesellschaftstänze lernte. Sie ging zur selben Zeit auch in einen Jazztanzkurs.

Als Erwachsene erlernte sie noch das Spielen auf einer Querflöte. Da einen Ton herauszubringen ist sehr schwierig.

Einige Jahre später besuchte sie auch einen Improvisationstanzkurs.

Elena war auch einmal in einem Malkurs. Am liebsten malte sie ein Durcheinander. Das tat sie dann oft zu Hause.

49

Pensionistentanz

In ihrer Jugendzeit war Elena in der Tanzschule und lernte dort Walzer, Rumba, Boogie, Tango und andere Tänze. Seit ihrer schweren Erkrankung konnte sie nicht mehr so gut tanzen, da sie schnell schwindlig wurde. Da hatte ihre ältere Freundin Martha eine Idee. „Du kannst mit mir zum Pensionistentanzen gehen", sagte sie. Elena fand diesen Vorschlag gut. Da waren ältere Personen, die sicher nicht so schnell tanzen würden. Und so gingen Martha und Elena eines Tages hin. Elena wurde als Neue sehr herzlich begrüßt.

Es war ein Musiker mit Keyboard da. Er spielte und sang dazu. Elena fühlte sich wohl. Einmal tanzte sie mit älteren Herren. Auch Damen forderten Elena auf. Alles war gemütlich und so konnte Elena gut mittanzen.

Eines Tages war Gerald, ein Herr, den sie sehr gern hatte, ein bisschen komisch. Er wollte nicht mit Elena tanzen und er schaute auch ein wenig traurig aus. Als Elena ihn fragte, was los sei, sagte er, er sei mit dem Rad gestürzt und habe sich verletzt. Ja, mit dem Rad zu stürzen, ist für einen älteren Herrn nicht sehr angenehm. Zu stürzen ist für keinen lustig.

Rob

Elenas Freundin Veronika wollte einmal für einige Zeit im Ausland leben. Da sie sehr gut Englisch konnte, wollte sie nach England gehen. Dort bekam sie einen tollen Job in einer bekannten Firma. Sie lebte zwei Jahre dort.

In England lernte sie auch einen sehr netten Mann kennen. Mit dem wollte sie unbedingt zusammenbleiben. Sie wollte aber auch wieder in ihre Heimat zurück. Da das Wetter für Rob in England zu nass war, ging er gerne mit Veronika in ihr Heimatland.

Und das war eine Wiedersehensfreude, als Elena ihre Freundin vom Flughafen abholte. Sie fand auch Rob sehr interessant. Er war nett, hatte ein freundliches Gesicht und Elena konnte mit ihm sehr gut reden. Er war Psychotherapeut und kannte sich mit der Seele eines Menschen gut aus.

Nachdem Elena, Veronika und Rob einige Male zusammen aus waren, fragte Elena, ob sie einmal mit Rob alleine reden durfte. Seit ihrer schweren Erkrankung hatte Elena einige Probleme und Ängste,

Rob war gerne bereit. Er saß da, mit seinem freundlichen Gesicht, und Elena redete schon drauf los. Rob kannte auch einige Übungen, die Elena helfen konnten. Nach einigen Gesprächen ging es Elena deutlich besser.

Sie freute sich für ihre Freundin, dass diese so einen netten Mann gefunden hatte.

„Du lebst zum ersten Mal.

Ist das nicht Grund genug,

dir Fehler und Schwächen zu verzeihen".

Aus: Der Lebensfreude-Kalender 2018
von Dr. Rolf Merkle und Dr. Doris Wolf

Als Elena noch Lehrerin war

Elena war eine beliebte Lehrerin. Die Kinder hatten sie sehr gerne. Es begann schon in der Früh. Viele Kinder kamen ohne Frühstück in die Schule. Und ohne etwas gefrühstückt zu haben, kann man nicht gut lernen. Das war Elenas Meinung. So ließ Elena den Kindern in der Früh etwas Zeit zum Frühstücken. Sie begann mit dem Unterricht einfach zehn Minuten später.

Bei Elena gab es auch nicht allzu viel Aufgabe. Sie fand, dass die Kinder am Vormittag genug zu lernen hatten. Eine halbe Stunde am Nachmittag für die Aufgabe reichte. Da gab es viele Gespräche mit den Eltern. Diese wollten mehr Aufgaben für ihre Kinder. Sie wollten selbst viel Ruhe. Und das war möglich, wenn ihre Kinder länger bei der Aufgabe saßen.

Auch an Freitagen gab es keine Hausübung. Das Wochenende sollte für die Kinder frei sein.

Manche Lehrerinnen hatten jeden Freitag eine Ansage und eine Rechenprobe für ihre Schulkinder. Elena wollte das den Kindern nicht antun. Hie und da eine Ansage, ja, aber sicher nicht jede Woche. Elena fand, das wäre zu viel Stress für Kinder in diesem Alter.

Die Kinder wurden manchmal von der Schulärztin zur Impfung abgeholt. Elena wollte ihre Kinder nicht alleine warten lassen. Sie ging jedes Mal, wenn die Kinder geimpft wurden, mit. Und die Kinder, die besonders große Angst hatten, wurden von Elena fest umarmt. Und so war die Impfung gar nicht so schlimm.

Elena war großer Fußballfan. Das war in einer bestimmten Klasse von großem Vorteil. In dieser Klasse waren 18 Buben und sechs Mädchen. Wenn man da mit den Buben über Fußball reden konnte, war das schon gut für die Lehrerin.

Manchmal zeigte auch Elena eine Turnübung vor. Das gefiel den Kindern sehr gut.

Einmal durften die Kinder einen Aufsatz über ihre Lehrerin schreiben. Ein Bub schrieb: „Und mit ihren 33 Jahren ist unsere Lehrerin Elena noch Fußballfan." Für diesen Buben waren 33 Jahre schon ein hohes Alter. Und in diesem Alter noch Fußballfan zu sein, fand er anscheinend bewundernswert.

Ein anderer Bub schrieb über Elena: „Und in ihrem Herzen hat sie 100 andere Herzen". Die Kinder wussten alle, dass es Elena gut mit ihnen meinte.

Elena bekam auch oft Briefe oder Zeichnungen von ihren Schulkindern. Auf einem Blatt Papier zeichnete ein Kind Elena auf und schrieb dazu: „Unsere Lehrerin Elena ist die beste Lehrerin von der ganzen großen Welt. Deine liebe Sonja" Elena freute sich über die Liebesbeweise ihrer Schulkinder. Auch sie liebte ihre Kinder.

„Sei respektvoll und tu niemandem weh".

Conchita Wurst

Urlaubsvorbereitungen

Elena wollte auf Urlaub fahren. Sie fragte ihre Freundin Marina. Mit ihr war sie gerne zusammen. Elena und Marina hatten ähnliche Interessen und brauchten nicht viel, um ihren Urlaub genießen zu können.

Elena mochte ein nettes Hotel mit einem guten Frühstück. Eine Liegewiese wäre schön und etwas zum Schwimmen. Sie wollte lesen, spazieren gehen und ein wenig schwimmen. Und das konnte sie mit Marina gut machen.

Zuerst musste Elena noch einiges besorgen. Sie bekam seit einigen Monaten einen Hautausschlag und es war sehr schwierig herauszufinden, warum der Hautausschlag da war. Mit Hilfe eines Bekannten, kam sie darauf. Es war das Elasthan in der Kleidung. Das ist ein Teil des Stoffes, damit sich die Unterhosen, Unterhemden, Busenhalter und Jeans dehnen konnten. Und darauf reagierte nun Elenas Haut.

Nun machte sich Elena daran, alle diese Kleidungsstücke auszutauschen. Es war gar nicht leicht, Unterwäsche ohne Elasthan zu finden. Auch zwei neue Badeanzüge mussten her. Das war sehr schwierig.

Elena schrieb eine Liste, was sie alles mitnehmen wollte, damit sie ja nichts vergaß. Sie freute sich sehr. Es dauerte nicht mehr lange und die beiden Frauen konnten in den Urlaub fahren. Sie fuhren zum ersten Mal in dieses Hotel. Elena hatte schon mehrmals mit den Mitarbeitern dort telefoniert und alle waren sehr nett.

Es sollte ein Frühstücksbuffet geben, eine Liegewiese und ein Schwimmbecken. Herz was willst du mehr.

Elena und ihre Kondition

Durch den Hautausschlag, den Elena bekam, musste sie einige Monate Cortison nehmen. Das sind Medikamente, die zwar gut helfen, aber auch sehr müde machen. Elena hatte ihre wenige Kondition verloren.

Und sie wollte wieder ein bisschen zu Kräften kommen. Daher schmiedete sie mit Rob einen Plan. Sie versprach ihm, sich in der ersten Woche jeden Tag für fünf Minuten auf den Hometrainer (Standfahrrad im Wohnzimmer) zu setzen, in der zweiten Woche jeden Tag zehn Minuten und so weiter. Auch das Spazierengehen sollte helfen. Erste Woche jeden Tag 15 Minuten gehen, ab der zweiten Woche jeden Tag 30 Minuten. So wollte Elena wieder zu Kräften kommen.

Am Anfang war es wirklich schwer. Elena war immer nur müde. Aber sie hatte ihr Programm und wollte das so gut als möglich schaffen. Dazwischen machte sie immer wieder ein paar Kniebeugen. Das war gut für die Oberschenkelmuskulatur. So wurde Elena immer kräftiger.

Vor Elenas schwerer Erkrankung war sie wirklich fit. Sie schwamm viel, tanzte oft (Jazztanz, Improvisation,

Gesellschaftstanz). Aber seit ihrer Erkrankung nahm ihre Kondition ab, da sie durch die Medikamente oft müde war.

Doch durch das Programm, das sie mit Rob zusammengestellt hatte, wurde ihre Kondition bald besser.

Elena und Marina auf Urlaub

Nach einer Stunde Fahrzeit kamen die beiden Freundinnen in ihrem Urlaubsort an. Das freundliche Chefehepaar Schmidt begrüßten die beiden in ihrem Hotel.

Elena und Marina hatten ein schönes Zimmer. Es gab eine große Liegewiese und ein Schwimmbecken. Auch ein paar Fitnessgeräte warteten darauf, benützt zu werden. Elena und Marina freuten sich auf ihren Urlaub.

Im Fitnessraum

Elena und Marina wollten in den Fitnessraum gehen. Sie zogen sich Leibchen und Trainingshose an und nahmen sich eine Trinkflasche mit.

Elena war gerne am Laufband. Sie wollte aber nicht laufen. Das war ihr zu anstrengend. So ging sie 15 Minuten schnell. Anschließend stieg sie noch einige Minuten auf das Rudergerät. Marina fuhr inzwischen auf dem Hometrainer (Standfahrrad).

Den beiden Frauen war nachher so heiß, dass sie noch kurz schwimmen gingen.

Ralf und Hannes

An diesem Abend gingen die zwei Freundinnen in Danis Schenke. Da das Wetter schön war, konnte man im Freien sitzen. Nur gab es keinen freien Tisch mehr. E-lena und Marina schauten sehr genau und sahen freie Plätze bei zwei Männern. Sie gingen hin und fragten, ob sie sich dazusetzen könnten. Die beiden Männer nickten und sagten: „Ja natürlich, gerne." Es war ein sehr nettes und lustiges Gespräch. Die Männer waren sehr höflich und alle unterhielten sich gut. Sie lachten viel. Und die Vier machten sich aus, dass sie sich am nächsten Tag zur selben Uhrzeit in Danis Schenke treffen wollten.

Eine lustige Runde

Am nächsten Abend gingen Elena und Marina zu Danis Schenke, um Ralf und Hannes zu treffen. Aber die beiden Männer waren nicht da.

Es war wieder kein Tisch frei und so fragten die zwei Freundinnen zwei Paare, ob sie sich dazu setzen dürfen. Alle sagten, ja. Der Horsti mit rotunterlaufenden Augen sagte sofort: „Könnt ruhig DU zu mir sagen, ich bin immer mit allen per Du." Die Vier hatten einen ganz anderen Dialekt als Elena und Marina. Deshalb verstanden sie nicht immer alles. Außerdem hörte Marina nach einer schweren Ohrenentzündung schlecht und hatte Hörgeräte.

Fast immer, wenn Horsti etwas sagte, fragte Marina: „Was hat er g`sagt?" Elena musste übersetzen. Marina fragte immer wieder: „Was hat er g´sagt?" Und Elena übersetzte. Elena verstand Horsti aber auch nicht immer und fragte dann seine Frau mit den Worten: „Was hat er g`sagt?" Der ganze Tisch lachte immer wieder.

Horsti erzählte auch, dass er gestern sehr viel getrunken hatte. Und zu der Pension, wo die zwei Ehepaare wohnten ging es den Berg ein Stückchen hinauf. Es gab auch ein paar Stufen. Und über diese kletterte Horsti auf allen Vieren. Als Horsti das erzählt hatte, fragte Marina: „Was hat er g`sagt?" Und der ganze Tisch brüllte vor Lachen.

Im Hotel Schmidt
Privathotel Das Schmidt
Raiffeisenstraße 8
7072 Mörbisch am Neusiedlersee
E-Mail: privat@das-schmidt.at
http://www.das-schmidt.at

Elena und Marina fühlten sich in ihrem Hotel sehr wohl. Die Familie Schmidt, sowie das ganze Personal war freundlich und zuvorkommend. Der Chef sprach immer von Kommunikation auf Augenhöhe. Das Zimmer war nett eingerichtet. Die Liegewiese war groß und das Schwimmbecken mit Tee- und Saftbar sehr gemütlich. Die Essensterrasse war schön und das Frühstück ausreichend und gut. Es war einfach perfekt. Auch das Wetter passte.

Ein Ausflug mit dem Elektroauto

Es gab eine zweieinhalbstündige Ausflugsfahrt mit einem Elektroauto rund um Mörbisch. Das wollten sich die beiden Freundinnen nicht entgehen lassen. Sie beteten zum Wettergott, dass es nicht regnen sollte, denn dann würde die Autofahrt abgesagt werden. Das Auto hatte zwar ein Dach, aber keine Türen und Fenster. Der Wettergott hatte ein Einsehen und es regnete nur zehn Minuten während der Fahrt.

Der Lenker und Reiseführer wusste sehr viel und erzählte gerne über Mörbisch, seine Geschichte und geographischen Eigenheiten. Elena und Marina fuhren auch an der ungarischen Grenze entlang. Auf der einen

Straßenseite war Österreich, auf der anderen Straßenseite Ungarn. Es gab keinen offiziellen Grenzübergang. Trotzdem gab es Wachebeamte, die die grüne Grenze kontrollierten.

Nach ca. zwei Stunden Fahrt gingen sie noch in das Heimathaus. Dort gab es eine sehr alte Küche, ein Ehebett, einen Kinderwagen und einige Trachten. Zum Schluss gab es noch eine Weinprobe, für die, die wollten.

Ein Tag im Seebad am Neusiedlersee

Elena und Marina wollten ins Schwimmbad Mörbisch. Zu Fuß war es zu weit. Bus gab es keinen und mit dem Fahrrad konnten sie nicht fahren, da Elena Seh- und Gleichgewichtsstörungen hatte.

Das Ehepaar Schmidt hatte zwei Söhne (Zwillinge). Die beiden waren fesch, liebenswürdig, freundlich, hilfsbereit und zuvorkommend. Wenn nicht einer einen Bart gehabt hätte, man würde sie nicht auseinander kennen. Also, der Sohn mit dem Bart, war so nett und führte Elena und Marina zum Strandbad. Die beiden zahlten und gingen hinein. Dort suchen sie sich einen Platz aus. Dann wollte sich Elena zwei Liegen und einen

Sonnenschirm ausborgen. Der Mann bei den Liegen sagte, Elena müsse zum Eingang zurück gehen und dort die Liegen bezahlen und mit dem Ausleihschein wieder zu ihm kommen. Also machte sich Elena in der Hitze auf den Weg zur Kassa. Dort erledigte sie alles. Bei dem Herrn mit den Liegen angekommen, übergab sie ihm den Ausleihschein. Der Mann gab zwei riesige Liegen und den Sonnenschirm in einen großen Leiterwagen.

Elena schob den Wagen vor sich her. Aber der Wagen rollte nicht dorthin, wo sie wollte, Da schrie ein deutscher hilfsbereiter Herr: „Sie müssen den Wagen ziehen!" Elena bedankte sich und zog nun den Wagen in der Hitze hinter sich her.

Am Platz bei Marina angekommen, wollte sie die Liegen herunterheben. Aber diese waren zu schwer. Da kam ein Mann zu Hilfe. Elena bedankte sich und wollte den Sonnenschirm aufspannen. Das gelang ihr aber nicht. Nun eilte eine Frau herbei. Aber auch zu zweit war es nicht möglich. Der Schirm war kaputt. Marina war die Hitze zu viel und sie setzte sich, da ihr ein wenig schwindlig war.

Nun ging Elena mit dem kaputten Schirm zum Herrn mit den Liegen und der tauschte den Schirm aus. Elena ging in der Hitze wieder zurück zu Marina. Dann brauchte sie noch etwas, um den Schirm in die Erde klopfen zu können. Sie ging wieder zum Herrn mit den Liegen und borgte sich einen Hammer aus. Elena sagte verzweifelt: „Da komm ich nicht mehr her. Das ist ja Schwerstarbeit." Endlich lagen Elena und Marina unter dem Sonnenschirm auf ihren Liegen und ruhten sich aus.

Später gingen sie eine Kleinigkeit essen. Anschießend legten sie sich wieder auf die Liegen. Zum Abschluss gingen die beiden noch in den Neusiedlersee schwimmen.

Als sie trocken waren, alles eingepackt hatten, die Liegen und den Sonnenschirm zurückgebracht hatten, riefen sie im Hotel Schmidt an, damit sie der nette Sohn wieder abholen kommen konnte.

Es war ein schöner, aber auch ein wenig anstrengender Tag.

Wieder einmal Flo und Wisch

Wieder einmal waren die Kabarettisten Flo und Wisch in Elenas Stadt. Elena besorgte sich noch eine der letzten Karten. Sie war inzwischen ein großer Fan von Flo und Wisch. Mit großer Freude schaute sie sich dasselbe Programm zum vierten Mal an und war begeistert. Die beiden waren wirklich gut und so sympathisch. Elena hatte auch zwei Blumensträuße mit, die sie den beiden am Ende des Kabaretts geben wollte. Diese waren in Cellophan eingewickelt und ein kleines Briefchen war am Stamm der Rosen mit einer kleinen Kluppe befestigt.

Das Ende des Kabaretts war gekommen. Vor der Zugabe ging Elena vor zur Bühne. Vorne angekommen bemerkte sie, dass sie in einer Hand nur mehr das Cellophan hielt. Die Blumen waren durchgerutscht. Panik stieg in Elena auf. Sie ging zu ihrer Reihe zurück und schaute auf den Boden, wo sie sie wahrscheinlich verloren hatte. Die Rosen lagen auf den Schuhen einer Frau. Elena nahm diese und ging wieder zur Bühne vor. Dort setzte sie sich auf den Boden, damit die anderen Zuschauer weiter gut sehen konnten und versuchte die Blumen wieder in das Cellophan hineinzugeben. Zusätzlich war die Kluppe kaputt, mit der das Briefchen am

Blumenstrauß befestigt war. Elena bemühte sich sehr, das Briefchen ohne Kluppe irgendwie zwischen den Rosen zu befestigen. Von der Zugabe bekam sie nichts mit. Sie saß am Boden und kämpfte mit den Blumen.

Dann war die Zugabe zu Ende. Elena stand vom Boden auf und ging erhobenen Hauptes zu Flo und Wisch und übergab ihnen am Rande der Bühne die Blumen. Die beiden freuten sich sehr und Elena bekam von beiden einen Handkuss.

Flo und Wisch hatten auch ihre erste CD herausgegeben. Elena bekam sogar eine geschenkt. Und von nun an hörte sie sich sehr oft die CD an. Die CD war so authentisch, als würden die beiden neben ihr stehen und singen. Elena freute sich so, dass sie nun eine CD hatte. Und immer, wenn sie wollte, konnte sie die beiden singen hören. Sie war wirklich ein wenig verliebt in Flo und Wisch.

http://www.floundwisch.at

„Wenn du dich selbst respektierst, dann kannst du deinen Respekt vor dir bewahren, auch wenn andere respektlos zu dir sind".

Wenn du deinen Wert davon abhängig machst, wie andere über dich denken, dann gehen deine Gefühle, wie eine Schaukel auf und ab. Reden andere gut über dich, geht es dir gut. Reden sie schlecht, dann geht es dir schlecht. Aus dieser Abhängigkeit vom Urteil anderer kannst du dich befreien, wenn du selbst deinen Wert festlegst. Deshalb: Lerne, dich anzunehmen, dann ist es nicht so wichtig, wie andere von dir denken.

Aus: Der Lebensfreude-Kalender 2018 von Dr. Rolf Merkle und Dr. Doris Wolf

www.palverlag.de

Elena als Clown

Einer von Elenas Freunden hieß Manfred, genannt Manni. Als Elena noch Lehrerin war, rief Manni eines Tages an.

Manni: „Hallo Elena, ich habe einen Job für dich."

Elena. „Manni, ich habe einen Job. Ich bin Lehrerin."

Manni: „Es ist ein kleiner Job."

Elena: „Ich habe auch keine Zeit für einen kleinen Job. Ich bin Lehrerin. Da habe ich genug zu tun."

Manni: „Er ist winzig klein, der Job. Du wirst ihn lieben."

Elena: „Also gut Manni, schieß los. Worum geht es?"

Manni: „Du könntest in zwei Wochen ein Clown sein und 15 Kinder eine Stunde lang unterhalten. Das wäre doch was für dich. Du kennst Kinder gut, bist bei ihnen sehr beliebt und lustig bist du auch oft. Was sagst du dazu?

Elena: „Das klingt wirklich gut. Das könnte mich tatsächlich interessieren. Wann muss ich wo sein?"

Manni gab ihr all die notwendigen Daten und Elena begann sich Sachen zu überlegen, die sie mit den Kindern machen könnte.

Elena konnte Gitarre spielen. Also suchte sie sich einige einfache Lieder, die sie mit den Kindern singen konnte. Auch ein paar leichte Tänze bereitete sie vor. Dazu musste sie natürlich CDs und einen CD-Player mitnehmen. Sie hatte auch einige kleine Musikinstrumente, auf denen die Kinder klopfen konnten. Auch einige Rasseln waren dabei.

Dann ging Elena noch in ein Zaubergeschäft und kaufte sich drei Zaubertricks.

Auch ein paar Tücher nahm Elena mit. Mit Tüchern konnte man gut tanzen.

Mit allem ausgerüstet machte sich Elena auf den Weg zur Feier.

Die Straße hatte die Nummer 212, Stiege 35. Elena suchte und suchte und suchte. Gott sei Dank war sie zeitig genug dran. Endlich fand sie eine junge ausländische Frau, die ihr helfen konnte. Diese Frau gehörte zur Feier dazu und so konnte sie Elena zum richtigen Gemeinschaftsraum führen.

Also, es waren 23 türkische Kinder und ca. 50 türkische Erwachsene. Ein kleines Kind hatte Geburtstag und alle kamen zusammen. Alle waren sehr nett und gastfreundlich.

Die Kinder waren eher brav. Aber die Eltern!!! Die waren laut. Es dürfte ihnen gefallen haben und sie unterhielten sich lautstark. Elena sagte immer wieder: „Psst, psst." Außerdem faltete sie die Hände und machte: Bitte. Dann waren die Eltern 0für kurze Zeit ruhig.

Elena sang und tanzte mit den Kindern. Die Lautstärke der Eltern war nicht gerade gut für Elenas Stimme. Aber die Kinder machten brav mit und es bereitete ihnen Freude.

Es war für Elena ein gelungener Nachmittag und sie war froh, diesen Job angenommen zu haben. Noch weitere drei Jahre sang und tanzte sie mit Kindern ungefähr einmal im Monat bei Geburtstags- oder Faschingsfeiern.

Elenas Überlebenstag

Elena hatte vor 12 Jahren eine schwere Blutung im Kopf. Sie wurde stundenlang operiert und überlebte wirklich nur sehr knapp.

Jedes Jahr feierte sie auf irgendeine Weise diesen Tag mit ihren Freunden. Einmal gingen sie essen. Ein anderes Mal waren sie in einem Kaffeehaus. Oder sie trafen sich einfach im Park und plauderten.

Diesmal war Elena mit einigen Freunden in einem Park spazieren. Danach setzten sie sich auf zwei Bänke. Ein Tisch war auch dabei.

Sie sprachen zuerst darüber, dass alle froh waren, dass Elena überlebt hatte und noch unter ihnen war. Dann gaben sie Elena die kleineren oder größeren Geschenke.

Chrisly übergab Elena ein Geschenk, worüber sie sich sehr freute. Es war ein Stofffaultier. Und Elena wünschte sich schon sehr lange ein Faultier, denn sie war selber gerne faul.

Katrin schenkte ihr ein besonderes Sonnenöl, da Elena mit ihrer Haut Probleme hatte. Katrin wollte, dass Elena das Sonnenöl verwenden konnte. Im letzten Urlaub, bekam Elena nach dem Eincremen mit normalem Sonnenöl ihren schrecklichen Hautausschlag.

Von Tara bekam Elena einen Gutschein für einen Drogeriemarkt, in den sie gerne einkaufen ging. Und da konnte sie den Gutschein sehr gut gebrauchen.

Nina schenkte ihr einen Schlüsselanhänger. Das war ein kleines Schweinchen. Elena liebte Schweine.

Gott sei Dank hatten einige von Elenas Freundinnen eine Trinkflasche mit. Es war sehr heiß und sie saßen längere Zeit im Park.

Elena freute sich, dass alle Zeit für sie hatten und bedankte sich für die lieben Geschenke.

Elena und Marina ein paar Tage auf Urlaub

Elena und Marina fuhren ein paar Tage auf Urlaub. Sie kannten das Städtchen Baden bei Wien schon recht gut. Dort gefiel es ihnen. Sie waren schon öfters in dieser kleinen Stadt auf Urlaub. Sie kannten ein nettes Hotel, wo es bis elf Uhr Frühstück gab. Die beiden buchten und fuhren hin.

Eines war an diesen Tagen toll. Das Wetter war grandios. Obwohl es schon Herbst war, war das Wetter einfach super.

Die beiden standen so auf, dass sie so knapp nach zehn Uhr beim kleinen Frühstücksbuffet waren. Danach setzten sie sich auf die Hotelterrasse. Elena las ein Buch und Marina die Tageszeitung. Danach spazierten sie zum China-Restaurant und aßen zu Mittag. Marina aß vom Buffet und Elena nahm sich ein Mittagsmenu, da sie nicht so viel essen wollte.

Anschließend schlenderten sie durch die Stadt, schauten in verschiedene Geschäfte, kauften sich etwas fürs Nachtmahl und setzten sich oft in den Kurpark. Einmal gab es sogar im Park ein Konzert.

Elena und Marina genossen diese Tage in Baden sehr. Das Frühstücksbuffet war gut, der Chinese ausgezeichnet und das Wetter einfach herrlich.

Im Tanzkurs

Elena tanzte gerne Gesellschaftstänze, wie z.B. Walzer, Rumba oder Boogie. Aber oft wurde ihr schwindlig. Da hatte der Psychotherapeut Rob eine Idee.

Es gab einen Tanzkurs für Erwachsene, Anfängerinnen und Anfänger. Dort konnte sie alle Tänze von Beginn an wieder lernen und sich langsam an das Drehen gewöhnen.

Elena meldete sich an und ging hin. Es gab einige Pärchen, aber auch Einzelpersonen, die tanzen lernen wollten. Nur gab es viel zu viele Frauen. Da fragten der Tanzlehrer und die Tanzlehrerin, wer denn die Herrenschritte lernen möchte. Da meldeten sich einige Frauen, denn diese wollten auch das Führen lernen. So wurde Elena einer Barbara zugewiesen. Obwohl diese noch nie getanzt hatte, führte sie recht gut. Elena freute sich sehr, dass sie eine gute Tanzpartnerin bekommen hatte.

Am ersten Abend lernten sie die Grundschritte von Foxtrott, Cha-Cha-Cha und Tango. Am zweiten Abend wiederholten sie alles und es kam eine Figur beim Cha-Cha-Cha dazu. Zusätzlich lernten sie noch den Grundschritt vom Langsamen Walzer. Elena freute sich. Sie kannte schon alle Schritte aus ihrer Tanzschulzeit. Daher brauchte sie sich noch nicht so viel anstrengen, sondern konnte bisher alles genießen.

Juchhu: Flo und Wisch!

Elena sah ein Plakat von Flo und Wisch. Und die beiden traten ganz in der Nähe von Elenas Wohnung in einem Restaurant auf. Elena kannte dieses Restaurant. Es hatte im Untergeschoß einen Saal mit kleiner Bühne. Elena konnte nicht anders. Sie wollte sich dieses Kabarett nicht entgehen lassen.

Sie rief Eyleen an und fragte, ob sie mitkommen möchte. Eyleen wohnte auch ganz in der Nähe des Restaurants. Sie war begeistert. Sie hatte durch Elena schon einiges von Flo und Wisch gehört. Nun war sie neugierig und sagte sofort zu.

Elena besorgte die Karten und freute sich riesig, Flo und Wisch wieder zu sehen.

Elena meinte, als richtiger Fan könnte sie wieder ein Geschenk mitbringen. Sie besorgte etwas, das sie den beiden nach der Vorstellung geben wollte.

So, endlich war der ersehnte Abend gekommen. Elena traf sich mit Eyleen im Restaurant. Vor dem Kabarettabend aßen die beiden noch etwas und plauderten miteinander.

Nun war es so weit. Sie gingen die Stufen hinunter in den Saal, wo die Vorstellung stattfinden sollte. Sie saßen in der fünften Reihe. Es gab eine kleine Bühne. Dann kamen Flo und Wisch. Applaus! Applaus!

Flo spielte am Keyboard und beide Kabarettisten sangen sensationell. Der Wortwitz war super. Und wenn das Publikum dazwischenrief, hatten sie immer eine Pointe parat. Eyleen musste sehr oft lachen. Ihr gefiel es auch sehr gut.

Am Ende des Programms ging Elena zur Bühne und sagte: „Ihr zwei seid Waschmänner und müsst viel tun: waschen, bügeln, putzen, kehren, schrubben und noch viel mehr. Da kommt man ins Schwitzen und wird auch schmutzig. Und damit ihr weiterhin sauber seid und gut duftet, habe ich jedem von euch ein Duschgel und einen Badeschwamm mitgebracht."

Das Publikum applaudierte und Elena bekam von beiden links und rechts einen Kuss auf die Wange.

Im Vorraum standen Flo und Wisch und verkauften ihre CD. Es gab auch ein neues Programmheft, das Elena unbedingt haben wollte. Da schrieb Wisch eine sehr liebe Widmung für Elena hinein. Es war wieder ein gelungener Abend.

Marinas Geburtstag

Geburtstagsessen von Marina mit ihren Freundinnen Elena und Hanna

Marina lud Elena und Hanna am Tag ihres Geburtstages zum Mittagessen ein. Sie gingen in ein schlichtes Gasthaus, in dem das Essen normalerweise recht gut war. Leider schmeckte das Essen Marina oft nicht mehr so gut. Irgendwas war mit ihren Geschmacksnerven los. Trotz allem hatten es die drei Frauen nett und sie unterhielten sich gut. Marina machte ihre zwei Packerln auf und freute sich sehr. In einem war eine sehr lieb beschriftete Schokolade und in dem anderen Packerl waren die ersehnten Karten für ein Konzert von der Sängerin Steffi Vanja. Marina wünschte sich so sehr zu Steffi Vanja gehen zu können. Und Elena wollte das mit Marina tun.

Konzert von Steffi Vanja

Am nächsten Tag war es so weit. Steffi Vanja trat in einem Theater auf.

Als die Sängerin auf die Bühne kam, gab es großen Applaus. Die Sängerin war schon über 60 Jahre alt. Sie war eine stärkere Frau und hatte Probleme beim Gehen. Sie hatte zwei Sessel. Auf einem saß und sang sie. Drei Meter entfernt war ein zweiter Sessel und ein Tisch. Wenn sie auf dem Sessel beim Tisch saß, las sie Anekdoten aus ihrer Laufbahn vor. Die Geschichten waren zum Teil sehr lustig. Der Gesang war wunderbar. Das Publikum applaudierte sehr laut.

Marina und Elena gefiel der Abend gut.

Geburtstagsfeier mit Chris und Chrisly

Marina hatte zwei nette Freunde, mit denen sie auch Geburtstag feiern wollte. Der eine nannte sich Chris, der andere Chrisly. Chrisly saß am Steuer des Autos, Elena war Beifahrerin. Marina, Chris und Hanna saßen hinten. Sie fuhren zu einem Heurigen, ca. eine halbe Stunde von ihrer Stadt entfernt.

Das Lokal war sehr nett. Das Holz der Einrichtung hell und das Personal recht freundlich. Man ging zum Büfett und bestellte dort das Essen. Alle aßen irgendetwas mit Huhn, gebacken oder gebraten. Die Salate waren sehr gut. Anschließend gab es noch eine Nachspeise. Marina und die Männer tranken einen Kaffee dazu. Alle unterhielten sich gut. Anschließend machten sie mit dem Auto noch eine kleine Rundfahrt. Zum Spazierengehen war es zu kalt und daher fuhr Chrisly einfach mit dem Auto ein wenig herum. Es war ein schöner Tag.

Kabarett mit Flo und Wisch für die ältere Generation

Es war unglaublich. Elena sah schon wieder ein Plakat von Flo und Wisch. In zwei Tagen sollten diese auftreten. Elena wollte unbedingt hingehen. Natürlich war sie viel zu spät dran. Es gab keine Karten mehr. Elena versuchte alles, um das Unmögliche, möglich zu machen Und wie durch ein Wunder wurde sie am nächsten Tag verständigt, dass eine Karte für sie an der Kassa hinterlegt wurde.

Elena konnte es kaum glauben. Sie freute sich sehr. Sie ging hin und an diesem Abend gab es freie Sitzplatzwahl. Elena war eine der ersten dort und so konnte sie sich in die erste Reihe setzen.

Das Programm war wie immer super. Die Kabarettisten gingen gut auf die ältere Generation ein.

Elena hatte natürlich wieder ein Geschenk mit. Sie sagte zu Flo und Wisch; „Ihr seid jung, talentiert und fleißig. Aber jeder braucht auch ein wenig Glück. Als Symbol fürs Glück habe ich jedem von euch ein Schweinchen mitgebracht. Das Schweinchen, namens Tara, ist für eure Tontechnikerin. Das Schweinchen Trudi für Flo und Benjamin ist für Wisch." Die beiden freuten sich wirklich. Nur Wisch, der schlankere von den beiden „beschwerte" sich ein bisschen, warum er das dickere Schweinchen bekommen hatte. Elena meinte: „Wenn ich etwas für euch sehe, weiß ich sofort, wem was gehört."

Die drei unterhielten sich eine Weile, aber Flo und Wisch mussten sich auch um die anderen Gäste kümmern. Außerdem wollten sie ihre CD verkaufen. In diesen Momenten schaute ihnen Elena einfach zu und bemerkte, wie gern sie die beiden hatte.

Die Dunkelheit

Elena hatte viele schöne Erlebnisse, war auf Urlaub, besuchte Kabaretts, war ein wenig in Flo und Wisch verliebt. Eigentlich ging es ihr gut. Aber da gab es noch etwas. Seit ihrer Erkrankung, bei der sie auch vier Wochen im künstlichen Tiefschlaf lag, hatte sich bei ihr etwas verändert. Sie hatte Angst vor der Dunkelheit. Elena konnte es nicht beschreiben. Sie fürchtete sich im Dunkeln auf der Straße zu sein. Im Winter hatte sie auch schon oft gegen 18 Uhr Angst, da es ja schon finster war.

Sie erklärte es sich so: „Ich war vier Wochen im Tiefschlaf. Da war es sicher finster. Außerdem war ich zu dieser Zeit in Lebensgefahr. Also Dunkelheit bedeutet Lebensgefahr und daher fürchte ich mich bei Dunkelheit." Natürlich erklärten ihr Freunde, dass es nie ganz finster sei. Es gab ja die Straßenbeleuchtung. Aber das nützte bei Elena nichts. Wenn Dunkelheit Lebensgefahr bedeutete, gab es kaum etwas, das half.

Mit ihrem Therapeuten Rob versuchte sie diese Angst in den Griff zu bekommen. Und oft war es auch schon ein bisschen besser.

Hörbücher

Rob hatte noch eine gute Idee. Um sich gut entspannen zu können, empfahl er Elena Hörbücher. Um einen gewissen Betrag pro Monat, konnte man sich ein Hörbuch kaufen und es sich am Handy anhören. Entweder stellte man das Handy laut oder man hörte mit Kopfhörer.

Elena fand das interessant und bat einen Freund ihr das am Handy zu installieren. Für den ersten Monat suchte sie sich eine Liebesgeschichte aus. Die dauerte an die zehn Stunden. Elena lag am Sofa, hatte die Augen zu und genoss das Erzählte. Im ersten Monat bekam sie auch von der Hörbuchfirma vier Hörbücher geschenkt. Elena freute sich darauf. Das erste geschenkte Hörbuch spielte im Jahre 1399 und interessierte Elena überhaupt nicht. Das zweite Hörbuch war ein Krimi, der so durcheinander war, dass sich Elena nicht auskannte. Aber das dritte Hörbuch war sehr interessant. Der Titel hieß „Du bist der Hammer" und war ein sehr guter und interessanter Ratgeber. Das vierte geschenkte Hörbuch war auch super. Ein Kabarettist las aus seinem Buch vor. Es war lustig und interessant.

Elena lag auf der Bettbank und konnte nicht genug bekommen. Manchmal steckte sie das Handy in die

Hosentasche und ging die Wäsche aufhängen oder wusch das Geschirr ab. Auch saß sie manchmal am Hometrainer und steckte sich kleine Kopfhörer ins Ohr. Es war sehr schön, wenn einem jemand ein Buch vorlas. Sie war Rob sehr dankbar für diese gute Idee.

Kabarett: Hallo Christkind

Und wieder war es soweit. Flo und Wisch waren mit ihrem neuen Kabarettprogramm „Hallo Christkind" in der Stadt. Elena kaufte sich schon lange vorher eine Karte und saß wieder in der ersten Reihe.

Sie fuhr mit dem Taxi hin, da sie drei große Kunstblumensträuße mithatte. Das mit den Blumensträußen war nicht einfach. Sie saß zwar in der ersten Reihe, wusste aber trotzdem nicht ganz genau, wo sie die Sträuße hingeben sollte. Doch sie fand einen Platz.

Elena war glücklich, Flo und Wisch wieder zu sehen. Das Programm war lustig, sehr musikalisch, einfach zum Gefallen. Elena lachte viel.

Am Ende des Kabarettprogramms bekam die Tontechnikerin einen Blumenstrauß von Elena. Ein Foto davon gibt es nach dem Kapitel. Es ist der Strauß mit den gelben Rosen. Wisch gab sie den Blumenstrauß mit dem braun-weißen Stoffhund, namens Pups, und den orangefarbenen Blumen. Der weiße Blumenstrauß mit dem Stoffhund, namens Scout, schenkte sie Flo. Alle drei freuten sich sehr. Elena bekam von Flo und Wisch natürlich wieder einen Handkuss.

Einen Tag vor Elenas Geburtstag spielten Flo und Wisch in einem Kabarettlokal noch einmal „Hallo Christkind". Elena schenkte sich selbst zum Geburtstag eine Karte. Es machte ihr nichts aus, dass sie das Programm schon einmal gesehen hatte. Sie saß natürlich wieder ganz vorne. Sie genoss den Abend. Sie freute sich, Flo und Wisch nach so kurzer Zeit wieder zu sehen.

Und natürlich hatte sie wieder ein Fangeschenk mit. Diesmal war es für die beiden und für die Tontechnikerin je ein Schutzengelschlüsselanhänger. Sie hatte diese verpackt. So konnten alle drei noch nicht ahnen, was da drinnen ist. Elena freute sich sehr, den dreien ihre Geschenke zu überreichen.

Sie war glücklich, Flo und Wisch kennen gelernt zu haben.

Epilog

Mein Name ist Linda Martin und ich habe Geschichten aus dem Leben von Elena Mars beschrieben. Elena Mars bin ich selbst. Ich habe Erlebnisse aus meinem eigenen Leben geschildert. Ich war Volkschullehrerin und hatte mit 42 Jahren eine schwere Gehirnblutung, die ich nur knapp überlebte. Ich habe seither einen Sehausfall auf der kompletten linken Seite. Daher gibt es in meinem Leben einige Einschränkungen.

Ich wurde in Frühpension geschickt, da ich nicht mehr unterrichten durfte. In der Frühpension schrieb ich fünf Kinderbücher und eine Autobiographie für Erwachsene, über einen Teil meines Lebens.

Ich würde mich freuen, wenn Sie sich unter der Homepage http://linda-martin.cmmc.at die Bücher anschauen. Ganz toll wäre es, wenn Sie sie weiterempfehlen würden.

Durch die Medikamente, die ich seit meiner Gehirnblutung nehmen muss, habe ich mehr als 20 kg zugenommen. Darüber bin ich natürlich ein wenig unglücklich. Trotz allem erfreue ich mich meines Lebens. Neben meiner sehr liebevollen Familie, habe ich treue Freundinnen und lernte den netten Wirten Franz kennen.

Außerdem kam ich in sehr respektvollen Kontakt mit den beiden menschlichen Kabarettisten Flo und Wisch. Auch den großartigen Kabarettisten Thomas Stipsits habe ich in seinem Kabarett besucht.

Nun, da ich mit dem Buch fertig bin, möchte ich wieder in ein Kabarett von Flo und Wisch gehen. Habe mich wirklich ein klein wenig in die beiden verliebt. Auch ein Kabarett von Herrn Stipsits werde ich besuchen. Am Ende der Kabarettprogramme werde ich den Kabarettisten dieses Buch schenken, da ich die Erlaubnis von ihnen habe, über die Kabarettabende schreiben zu dürfen. Auch Herrn Böhm und der Tontechnikerin von Flo und Wisch werde ich ein Buch zukommen lassen.

Alles in allem geht es mir gut. Ich bin dankbar, dass ich überlebt habe. Und mit den Einschränkungen lernte ich leben.

Ich freue mich, dass Sie mein Buch gelesen haben und über einen Eintrag in mein Gästebuch wäre ich Ihnen sehr dankbar. http://linda-martin.cmmc.at

Autorin

Linda Martin wurde 1963 in Wien geboren. Obwohl ihre Eltern nicht reich waren, ermöglichten sie ihr einiges: Unterricht in Klavierspiel, Balletttanz, Geräteturnen, Volleyball und Tischtennis. Schließlich wurde sie Volksschullehrerin und Tanzpädagogin. Sie liebte diese Berufe.

Foto: Natascha Dimitrov

Mit 42 Jahren veränderte sich ihr Leben durch eine schwere Erkrankung, die sie nur knapp überlebte. Seither hat sie einen Sehausfall auf der kompletten linken Seite.

Nun konnte sie den Beruf als Volksschullehrerin nicht mehr ausüben und wurde in Frühpension geschickt.

Und in diesem, für sie neuen Leben, schrieb sie einige Kinderbücher für Kinder zwischen sechs und zehn Jahren.

Band 1 *„Lisas kleine Welt"* (BoD)
Band 2 *„Lisa, Papa Alfi und Schnuppi"* (BoD)
Band 3 *„Lisa und Lina"* (BoD)
„Der kleine Drache Isidor entdeckt die Welt." (BoD)
„Maxi, Winni und das Schweinchen Kugi." (BoD)

Für Erwachsene gibt es die Autobiographie
„Ausnahmezustand Gehirnblutung. Wie ich durch glückliche Fügungen überlebte." (BoD)
http://linda-martin.cmmc.at